Inhalt

Neue Offenlegungspflichten für Vorstandsbezüge - Mehr Transparenz oder nur Überregulierung?

Kernthesen

Beitrag

Fallbeispiele

Weiterführende Literatur

Impressum

Neue Offenlegungspflichten für Vorstandsbezüge - Mehr Transparenz oder nur Überregulierung?

A. Kaindl

Kernthesen

- Börsennotierte deutsche Unternehmen müssen nach dem Willen der Bundesregierung künftig die individuellen Bezüge ihrer Spitzenmanager offen legen.
- Ziel ist es, die Kontrollrechte der Aktionäre zu stärken, nicht eine Befriedigung der öffentlichen Neugier.
- Der Gesetzentwurf wird sowohl von der

Wirtschaft als auch von politischen
Vertretern zum Teil heftig kritisiert.

Beitrag

Der Gesetzentwurf zur Offenlegung der
Vorstandsvergütungen hat in Börsenkreisen für
Unruhe gesorgt. Über den Mehrwert eines solchen
Gesetzes wird seitdem heftig diskutiert. Die
polarisierenden Schlagworte Transparenz und
Überregulierung erfahren eine Hochkonjunktur. (10)

Inhalt und Ziel des Gesetzentwurfes

Deutsche Unternehmen, die an der Börse notiert sind,
müssen die Gehälter ihrer Vorstandsmitglieder
künftig einzeln offen legen. Das Bundeskabinett
verabschiedete im Mai 2005 einen entsprechenden
Gesetzentwurf. Die Bundesregierung zieht damit die
Konsequenz aus der Weigerung mehrerer Konzerne,
die Gehälter der einzelnen Vorstände freiwillig
anzugeben. Dies sieht der Corporate Governance
Kodex vor, in dem vor drei Jahren Regeln zur guten
Unternehmensführung zusammengefasst worden
sind. Der Gesetzentwurf ist eine Reaktion auf die

geringe Akzeptanz des Corporate Governance Kodexes in diesem Punkt. Ziel des Gesetzes ist es, die Kontrollrechte der Aktionäre bzw. der Hauptversammlung im Hinblick auf die Angemessenheit der durch den Aufsichtsrat festgesetzten Vorstandsgehälter zu stärken. Es geht nicht darum, den allgemeinen Informationswunsch der Öffentlichkeit zu erfüllen oder gar den "Sozialismus auf Vorstandsetagen" einzuführen. Das im Bundesrat nicht zustimmungspflichtige Gesetz soll noch in diesem Jahr in Kraft treten. Betroffen von dem Gesetz sind die knapp 1000 deutschen Unternehmen, die an der Börse notiert sind. (1), (2), (3), (5), (7)

Nach dem Entwurf des Vorstandsvergütungs-Offenlegungsgesetzes (VorstOG) müssen die Unternehmen im Anhang zum Jahresabschluss für jedes einzelne Vorstandsmitglied unter Namensnennung erfolgsunabhängige und erfolgsbezogene Gehaltsbestandteile sowie langfristige Anreizvergütungen (bspw. Aktienoptionen) veröffentlichen. Unter die anzugebenden Bezüge fallen: Gehälter, Gewinnbeteiligungen, Bezugsrechte und sonstige aktienbasierte Vergütungen, Aufwandsentschädigungen, Versicherungsentgelte, Provisionen sowie Nebenleistungen einschließlich Sachbezüge. Anzugeben sind auch Leistungen, die nicht ausbezahlt, sondern in andere Ansprüche umgewandelt werden. Die Aktienoptionen sind nach der Bilanzierungsvorschrift IFRS 2 zu bewerten, d.h. mit ihrer Anzahl und dem beizulegenden Wert zum Zeitpunkt der Gewährung aufzuführen und bei Wertänderungen anzupassen. Auch Pensions- und Abfindungszusagen müssen aufgeführt werden. (1), (2)

Da der Gesetzentwurf darauf abzielt, die Unternehmen für die Aktionäre transparenter zu machen, haben die Aktionäre die Möglichkeit, von der individuellen Offenlegung abzusehen. Die Hauptversammlung kann den Zwang zur Offenlegung mit einer Dreiviertelmehrheit des bei der Beschlussfassung vertretenen Grundkapitals zurückweisen ("Opting-Out-Regelung"). Ein solcher Beschluss darf höchstens für fünf Jahre gefasst werden. Erstmals anzuwenden sind die Vorschriften für Geschäftsjahre, die nach dem 31.12.2005 beginnen. Damit werden die Informationen erst in der Bilanzsaison 2007 für Geschäftsberichte über 2006 öffentlich. Ein Verstoß gegen die gesetzlich vorgesehenen Offenlegungspflichten kann mit einem Bußgeld von bis zu EUR 50 000 geahndet werden. (1), (2), (3)

Das Gesetz ermöglicht den Aktionären in Zukunft eine bessere Überprüfungsmöglichkeit, ob der

Aufsichtsrat bei der Festsetzung der Vorstandsbezüge das gesetzlich vorgeschriebene Angemessenheitsgebot beachtet hat. Die Hauptversammlung wird nun in die Lage versetzt, zu beurteilen, ob die individuellen Bezüge in einem angemessenen Verhältnis zu den Aufgaben des Vorstandsmitglieds und zur Lage der Gesellschaft stehen. (1)

Der Gesetzentwurf modifiziert und ergänzt die bisher schon im Handelsgesetzbuch stehenden Vorschriften zu den Angaben über Vorstandsbezüge. Bislang waren im Anhang zum Jahres- bzw. Konzernabschluss einer Aktiengesellschaft nur die von allen Vorstandsmitgliedern zusammen für die Tätigkeit im betreffenden Geschäftsjahr erhaltenen Gesamtbezüge anzugeben. (3)

Kritik am Gesetzentwurf

Der Präsident des Bundesverbandes der Deutschen Industrie, Thumann, sagte, der Corporate-Governance-Kodex sei ein Erfolgsmodell, weil seine Regelungen freiwillig seien. Für die Einhaltung, aber auch für die Ablehnung von Kodex-Regelungen gebe es gute Gründe. Wenn die Regierung jetzt einzelne Regelungen herauspicke und mit gesetzlichem Zwang drohe, stelle sie das Prinzip der Freiwilligkeit in Frage. (1)

Der grüne Koalitionspartner findet wenig Gefallen an dem Gesetzentwurf. Vor allem die Möglichkeit der Hauptversammlung, mit einer Dreiviertelmehrheit eine Veröffentlichung zu verhindern, stößt auf Kritik. Dadurch werde das Gesetz zu einem zahnlosen Tiger. Ziel der Offenlegung sei die Information der Gesellschaft und nicht nur der Anteilseigner. Ähnlich wie Politiker trage der Vorstand einer großen börsennotierten Aktiengesellschaft Verantwortung für die Gemeinschaft. Dazu gehöre auch Transparenz, damit die Gesellschaft über die Angemessenheit der Vergütung sprechen könne. (1), (5)

Der stellvertretende FDP-Fraktionsvorsitzende Brüderle monierte, die Regierung sei mit dem Entwurf über das Ziel hinausgeschossen. Der Veröffentlichungszwang sei ein drastischer Eingriff in die Belange von Unternehmen. (1)

Die Deutsche Schutzvereinigung für Wertpapierbesitz begrüßte das Vorhaben, zeigte sich aber "nicht ganz glücklich" über die Opting-out-Regel. Diese werde zu einer Zweiklassengesellschaft führen: Privatanleger würden die Gehälter nie erfahren, die Großaktionären aufgrund ihrer Position bekannt seien. (2)

Die Justizministerin verteidigte ihr Vorhaben, nicht länger auf eine freiwillige Offenlegung zu setzen, mit dem Argument, Deutschland verfolge mit der gesetzlichen Verpflichtung keinen nationalen Sonderweg, sondern folge internationalen Trends. Solche Regelungen gebe es auch in den Vereinigten Staaten, Kanada, Großbritannien, Irland, Frankreich, Italien, den Niederlanden und Schweden. (1), (5)

Auf die Kritik, die Höhe des Bußgelds sei mit EUR 50 000 im Vergleich zu den Vorstandsgehältern viel zu gering, verwies die Bundesjustizministerin auf die im Aktienrecht üblichen Bußgeldandrohungen. (1)

Aufgrund zahlreicher neuer Gesetze und Gesetzesinitiativen im Bereich Kapitalmarktrecht befürchten die Emittenten in Deutschland eine zunehmende Überregulierung, die eher lähmend wirkt anstatt für den Standort Deutschland neue Impulse zu schaffen. (10)

Offene Punkte

Die Bundesjustizministerin lies offen, ob das Gesetz auch auf den Aufsichtsrat ausgedehnt werden soll. (2)

Falls eine schwarz-gelbe Koalition die für Herbst 2005 voraussichtlich anstehenden vorgezogenen Bundestagswahlen gewinnt, steht den Unternehmen eine gesetzliche Regelung zur individuellen Offenlegung der Vorstandsbezüge ebenfalls ins Haus. Jedoch mit großer Wahrscheinlichkeit in einer abgespeckten Version, da nach einem Entwurf der CDU bereits 25 Prozent der Aktionäre ausreichen, um die Veröffentlichung zu verhindern. Die FDP plädiert dafür, den Aktionären die Möglichkeit einzuräumen, durch einen Beschluss in der Hauptversammlung zu entscheiden, ob und mit welcher Differenzierung Vorstandsvergütungen als Pflichtangaben im Anhang zum Jahresabschlusses veröffentlicht werden müssen. (6), (7)

Fallbeispiele

Nach jüngsten Erhebungen werden im Jahr 2005 nur 20 der 30 im Deutschen Aktienindex notierten Unternehmen detaillierte Angaben zu den Vorstandsbezügen machen. Unter M-Dax- und S-Dax-Unternehmen beträgt die Quote sogar weniger als 40 Prozent. Gegner eines gesetzlichen Zwangs verweisen hingegen darauf, daß die Tendenz zur

Veröffentlichung positiv sei: Während Anfang 2004 nur ein Viertel der Dax-Unternehmen die Bezüge individualisiert offengelegt hätten, werde dies bis 2005 bei zwei Dritteln der Unternehmen der Fall sein. (1)

Zu den Konzernen, die bisher nicht gewillt waren, die Gehälter der einzelnen Vorstände freiwillig anzugeben gehören bspw. Daimler-Chrysler, BMW, BASF und Porsche. Trotz der geplanten gesetzlichen Regelung lehnen die Verweigerer unter den Dax-Unternehmen eine individuelle Offenlegung der Vorstandsgehälter größtenteils weiter ab. Der Chemiekonzern BASF und der Autobauer BMW sehen keinen Anlass ihre Position zu ändern, solange das Gesetz nicht in Kraft ist. Der Porsche-Chef Wendelin Wiedeking bezweifelt die Rechtmäßigkeit des Gesetzes. Er droht mit einer Verfassungsklage, weil er das Recht der Vorstände auf Selbstbestimmung verletzt sieht. In einer Erklärung von Porsche heißt es, schlichte Neugier und diffuse Transparenzbedürfnisse einer selbst ernannten kritischen Öffentlichkeit rechtfertigen nicht einen Eingriff in das Recht auf informationelle Selbstbestimmung. Für VW-Chef Bernd Pischetsrieder befriedigt das Gesetz nur die Neugier der Öffentlichkeit. (1), (4), (9)

Zu den Befürwortern einer individuellen

Veröffentlichung der Vorstandsbezüge zählt die Lufthansa. Die Fluggesellschaft legte für das Geschäftsjahr 2004 zum ersten Mal die Bezüge ihrer Vorstände individualisiert offen. (6)

Weiterführende Literatur

(1) Börsennotierte Unternehmen sollen Vorstandsgehälter offenlegen
aus Frankfurter Allgemeine Zeitung, 19.05.2005, Nr. 114, S. 1

(2) Vorstände müssen Bezüge veröffentlichen Kabinett billigt Gesetzentwurf - Zypries: Kontrolle für Aktionäre - Bayern lässt Bundesratsinitiative ruhen
aus Börsen-Zeitung, 19.05.2005, Nummer 94, Seite 6

(3) Transparenz mit zweifelhaftem Nutzwert
aus Frankfurter Allgemeine Zeitung, 06.04.2005, Nr. 79, S. 21

(4) Dax-Firmen wettern gegen Zypries-Vorstoß Justizministerin reagiert mit Gesetzentwurf zur Offenlegung der Vorstandsbezüge auf Weigerung von sieben Großkonzernen
aus Financial Times Deutschland vom 14.03.2005, Seite 21

(5) Grüne bemängeln Gesetzentwurf von Zypries zur Managervergütung

aus netzeitung.de vom 11.03.2005

(6) Heidenreich, Ralf, Die Zeit des Schweigens geht zu Ende, Immer mehr Dax-Unternehmen legen Vorstandsgehälter offen, Linde und BASF mauern, Allgemeine Zeitung vom 11.06.2005
aus netzeitung.de vom 11.03.2005

(7) Managerbezüge auf der Tagesordnung Bundestag will in der nächsten Woche das Gesetz zur Offenlegung beschließen
aus Börsen-Zeitung, 08.06.2005, Nummer 107, Seite 7

(8) Gehälteroffenlegung - Vertrauensverlust per Gesetz
aus Börsen-Zeitung, 27.04.2005, Nummer 80, Seite 8

(9) Porsche: Zwang zur Offenlegung von Vorstandsgehältern ist Unrecht - Hersteller führt Grundgesetz und Menschenrechte ins Feld / Bundesjustizministerin Zypries legt Gesetzentwurf vor
aus AUTOHAUS Online vom 11.03.2005

(10) "Die Befürchtung einer zunehmenden Überregulierung ist weit verbreitet" - Interview mit Dr. Wolfram Schmitt, Präsident, Deutscher Investor Relations Kreis (DIRK)
aus Going Public, Heft 6/2005, S. 36-37

Impressum

Neue Offenlegungspflichten für Vorstandsbezüge - Mehr Transparenz oder nur Überregulierung?

Bibliografische Information der deutschen Nationalbibliothek

Die Deutsche Nationalbibliothek verzeichnet diese Publikation in der deutschen Nationalbibliografie; detaillierte bibliografische Daten sind im Internet über http://dnb.d-nb.de abrufbar.

ISBN: 978-3-7379-1329-4

© 2015 GBI-Genios Deutsche Wirtschaftsdatenbank GmbH, Freischützstraße 96, 81927 München, www.genios.de

Alle Rechte vorbehalten. Dieses Werk ist einschließlich aller seiner Teile – z.B. Texte, Tabellen und Grafiken - urheberrechtlich geschützt. Jede Verwertung außerhalb der Grenzen des Urheberrechtsgesetzes bedarf der vorherigen Zustimmung des Verlags. Dies gilt insbesondere auch für auszugsweise Nachdrucke, fotomechanische Vervielfältigungen (Fotokopie/Mikroskopie), Übersetzungen, Auswertungen durch Datenbanken oder ähnliche Einrichtungen und die Einspeicherung und Verarbeitung in elektronischen Systemen.